MARRON
CHOCOLAT BLANC

SOMMAIRE

POUR 6 PERSONNES
PRÉPARATION : 30 MINUTES
CUISSON : 40 MINUTES

VACHERIN MARRON-MATCHA

Un peu de beurre pour les moules
4 blancs d'œufs
200 g de sucre
½ cuillerée à café d'essence de vanille
150 g de poudre de noisettes
200 g de purée de marrons
80 g de sucre glace
300 ml de crème liquide entière
1 cuillerée à café de thé matcha

Préchauffer le four à 180 °C (th. 6). Beurrer deux moules à gâteau de 18 à 20 cm de diamètre. Les garnir de papier sulfurisé ; beurrer également le papier.
Fouetter les blancs en neige ferme, ajouter le sucre, fouetter encore, puis ajouter délicatement la vanille et 100 g de poudre de noisettes. Répartir le mélange dans les deux moules. Égaliser le dessus et faire cuire 35 à 40 minutes. Démouler, enlever le papier et laisser refroidir.
Battre la purée de marrons avec le sucre glace tamisé (en garder 2 cuillerées à soupe). Fouetter la crème liquide bien froide en chantilly. En mélanger la moitié avec la purée de marrons ; ajouter au reste de chantilly la poudre de matcha et 1 cuillerée de sucre glace. Poser un rond de meringue sur un plat de service, tartiner de crème aux marrons, puis de crème au matcha. Couvrir avec l'autre meringue. Saupoudrer du reste de noisettes et de sucre glace. On peut aussi faire des vacherins individuels.

POUR 6 PERSONNES
PRÉPARATION : 35 MINUTES
RÉFRIGÉRATION : PLUSIEURS HEURES

BÛCHE DE NOËL
FAÇON CHARLOTTE

5 feuilles de gélatine (10 g)
500 ml de lait
4 jaunes d'œufs
2 cuillerées à soupe de sucre
1 gousse de vanille
125 g de crème de marrons
200 ml de crème liquide entière
6 marrons glacés (ou des brisures, c'est très bien aussi)
+ 6 autres pour décorer
30 boudoirs environ
Du sirop de fruits rouges
5 cuillerées à soupe de gelée de groseilles

Faire tremper la gélatine dans de l'eau froide.
Préparer la crème anglaise : faire chauffer le lait avec la gousse de vanille fendue en deux (gratter les graines dans la casserole avec un petit couteau). Fouetter ensemble les jaunes et le sucre, verser dessus le lait à ébullition (enlever la gousse), bien mélanger, remettre dans la casserole sur feu doux et remuer jusqu'à ce que la crème épaississe. Dissoudre la gélatine ramollie dans la crème chaude, puis laisser refroidir. Fouetter la crème liquide bien froide en chantilly. Mélanger la crème de marrons, la crème anglaise et la chantilly. Ajouter les brisures de marrons.
Tapisser un moule à cake de film alimentaire. Le garnir de boudoirs trempés dans le sirop de fruits dilué. Faire chauffer légèrement la gelée et en répartir la moitié sur les biscuits. Verser la moitié de la crème, faire une couche de boudoirs, répartir le reste de gelée, finir la crème et couvrir avec des boudoirs (toujours imbibés).
Couvrir et mettre à prendre au frais. Démouler et décorer avec des marrons émiettés.

POUR 6 PERSONNES
PRÉPARATION : 20 MINUTES
CUISSON : 30 MINUTES

GÂTEAUX À LA CRÈME DE MARRON

100 g de beurre + un peu pour les moules
500 g de crème de marron
4 œufs
2 cuillerées à soupe de farine
Du sucre glace pour la finition
De la crème fraîche ou de la glace vanille pour servir

Beurrer 6 petits moules. Préchauffer le four à 180 °C (th. 6).
Faire fondre le beurre, puis le mélanger avec la crème de marron et les jaunes d'œufs. Ajouter la farine, puis les blancs d'œufs battus en neige, très délicatement. Enfourner pour 30 minutes.
Saupoudrer de sucre glace et servir tiède avec de la crème fraîche ou une boule de glace vanille.

POUR 6 PERSONNES
PRÉPARATION : 25 MINUTES

ETON MESS MONT-BLANC

1 grosse meringue blanche (ou 2 petites)
150 ml de crème liquide entière
6 grosses cuillerées à soupe de crème de marrons
1 kg de fromage blanc de campagne égoutté
1 barquette de framboises
4-6 marrons émiettés

Émietter la meringue. Fouetter la crème bien froide en chantilly. Mélanger tous les ingrédients (sauf les marrons), sans chercher à obtenir un mélange homogène. Répartir dans des verres. Décorer avec des brisures de marrons.

POUR 4 PERSONNES
PRÉPARATION : 20 MINUTES
CUISSON : 10 MINUTES
REPOS : 1 NUIT ENTIÈRE

GAUFRES À LA CRÈME DE MARRON

125 g de beurre
600 ml de lait
15 g de levure de boulanger fraîche
1 cuillerée à café de sel
1 cuillerée à café de sucre
200 g de farine
100 g de farine de châtaigne
2 œufs
De la crème de marron
Du mascarpone
Des amandes effilées

Faire fondre le beurre. Faire tiédir le lait. Délayer la levure dans un peu de lait, dans un grand saladier. Ajouter le reste du lait, le beurre fondu, le sel, le sucre et les deux farines. Battre vigoureusement pendant plusieurs minutes. Laisser reposer toute la nuit.
Le lendemain, ajouter les œufs en fouettant. Faire cuire les gaufres dans un gaufrier bien préchauffé (3-4 minutes). Servir avec la crème de marron, le mascarpone et les amandes légèrement grillées.

POUR 4 PERSONNES
PRÉPARATION : 30 MINUTES
CUISSON : 1 HEURE
REPOS : 1 HEURE

FLAN AUX MARRONS

POUR LA PÂTE
200 g de farine
100 de beurre mis au congélateur + un peu pour le moule
1 pincée de sel

POUR LA GARNITURE
200 ml de lait
200 ml de crème fraîche
4 œufs
50 g de Maïzena
4 cuillerées à soupe de crème de marrons
1 pincée de sel
200 g de marrons cuits sous vide

Pour la pâte, mettre la farine et le sel dans un saladier, sortir le beurre du congélateur et le râper dans la farine avec une râpe à gros trous. Verser 4 cuillerées à soupe d'eau froide et utiliser un couteau à bout rond pour amalgamer la pâte (avec des mouvements « coupants »). Ajouter plus d'eau si nécessaire. Former une boule et laisser reposer au réfrigérateur.

Préchauffer le four à 200 °C (th. 6-7). Étaler la pâte dans un moule beurré, poser une feuille de papier sulfurisé et garnir de haricots secs. Précuire ce fond de tarte 10 minutes.

Fouetter ensemble la Maïzena, le lait, la crème, les œufs et la crème de marrons.

Répartir les marrons cuits sur le fond de tarte et verser l'appareil dessus. Faire cuire 40 minutes : la crème doit être prise, le dessus doré et levé.

POUR 6 PERSONNES
PRÉPARATION : 15 MINUTES
CUISSON : 20 MINUTES

CASTAGNACCIO

500 g de farine de châtaigne
1 pincée de sel
4 cuillerées à soupe d'huile d'olive
3 cuillerées à soupe de sucre en poudre
1 œuf
Du lait
100 g de cerneaux de noix hachés (fraîchement décortiqués)
2 branches de romarin

Préchauffer le four à 180 °C (th. 6). Mélanger la farine, le sel, 2 cuillerées d'huile et le sucre. Ajouter l'œuf. Mélanger. On doit obtenir une pâte molle (mais pas du tout liquide). Ajouter du lait si nécessaire.
Graisser une plaque à four avec le reste d'huile. Étaler la pâte et la parsemer de feuilles de romarin et de noix hachées, en les enfonçant un peu dans la pâte. Faire cuire 20 minutes. Découper en carrés et manger froid.

POUR 4 PERSONNES
PRÉPARATION : 15 MINUTES
CONGÉLATION : 4 HEURES

GRANITA LACTÉ AUX MARRONS

800 g de yaourt épais (type yaourt grec)
2 cuillerées à soupe de sirop d'orgeat ou un autre sirop
4 marrons glacés
4 cuillerées à soupe de crème de marrons

Mettre le yaourt dans une boîte en plastique peu profonde et le placer au congélateur.
Au bout de 2 heures, le sortir et remuer très vivement à la fourchette. Remettre au congélateur pour 1 heure, remuer de nouveau, remettre encore 1 heure à glacer.
Déposer le granita dans des verres, verser un peu de sirop, ajouter la crème de marron et les marrons glacés.

POUR 6 PERSONNES
PRÉPARATION : 30 MINUTES
CUISSON : 15 MINUTES
REPOS : PLUSIEURS HEURES

TRIFLE MARRON-POMME

4-5 pommes acides et fondantes
25 g de beurre
4 cuillerées à soupe de sucre
200 g de crème de marron vanillée
1 génoise
Du jus de pomme
250 g de mascarpone
2 œufs
Des amandes effilées légèrement rôties

Éplucher les pommes et les couper en quartiers. Faire fondre le beurre dans une poêle, enlever avec une cuillère l'écume qui s'est formée à la surface, puis y mettre les quartiers de pommes. Les dorer d'un côté, les retourner, les saupoudrer de 2 cuillerées de sucre et les faire dorer de l'autre côté, jusqu'à ce que le sucre caramélise légèrement.
Couper la génoise en morceaux et la déposer au fond d'un plat pas trop profond (transparent si possible). Arroser de jus de pomme. Étaler la crème de marron sur la génoise imbibée. Disposer ensuite les pommes cuites.
Fouetter le mascarpone avec les jaunes d'œufs et le reste de sucre. Fouetter les blancs en neige et les incorporer au mélange. Le répartir sur les pommes. Placer au réfrigérateur plusieurs heures si possible. Décorer avec les amandes avant de servir.

POUR 4 PERSONNES
PRÉPARATION : 20 MINUTES
CUISSON : 30 MINUTES

CHÂTAIGNES SUCRÉES

500 g de châtaignes
Du lait
1 bâton de cannelle
Du sucre
De la cannelle en poudre
Du fromage blanc ou de la crème fraîche (ou les deux)

Fendre la peau des châtaignes et les faire cuire au four à 200 °C (th. 6-7), pendant 15 minutes environ. Les éplucher et finir la cuisson dans du lait chaud jusqu'à ce qu'elles soient bien tendres. Pour servir, les écraser à la fourchette dans des bols avec un peu de sucre, de crème fraîche, de fromage blanc et de cannelle.

POUR 8 PERSONNES
PRÉPARATION : 30 MINUTES
CUISSON : 45 MINUTES

PANFORTE AU CHOCOLAT BLANC

50 g de noisettes
50 g amandes entières
50 g de chocolat blanc
175 d'écorces d'agrumes confites
(orange, citron ou pamplemousse)
25 g de noix de coco râpée (de bonne qualité)
50 g de farine
¼ de cuillerée à café de cannelle
125 g de sucre en poudre
125 g de miel liquide
Du beurre pour le moule

POUR LA FINITION
2 cuillerées à soupe de sucre glace
1 cuillerée à café de cannelle

Beurrer un moule à tarte de 20 cm de diamètre et le garnir d'un rond de papier sulfurisé. Préchauffer le four à 190 °C (th. 6-7). Étaler les noisettes sur une plaque et les faire rôtir 5-6 minutes. Les mettre dans un torchon et les frotter pour détacher la peau. Hacher grossièrement les noisettes, les amandes et le chocolat, et un peu plus finement les écorces confites. Les mélanger avec la noix de coco, la farine et la cannelle. Baisser le four à 150 °C (th. 5).

Dans une petite casserole, faire fondre le sucre et le miel à feux doux. Laisser bouillir très doucement jusqu'à ce que le mélange épaississe. Faire le test : ½ cuillerée à café de ce sirop plongée dans un bol d'eau froide doit former une boulette. Ôter du feu et verser sur les fruits secs. Bien mélanger.

Presser cette préparation au fond du moule, sur 1 cm d'épaisseur. Faire cuire 30 à 35 minutes. Démouler et laisser refroidir. Enlever le papier, poser sur une assiette et utiliser une petite passoire pour saupoudrer de sucre glace mélangé à la cannelle. Servir en très fines tranches avec un café serré.

POUR 16 GÂTEAUX
PRÉPARATION : 30 MINUTES
CUISSON : 40 MINUTES

BLONDIES

80 g de beurre + un peu pour le moule
50 g de noix du Brésil (ou de noisette entière sans la peau)
500 g de chocolat blanc
3 œufs
130 g de sucre
175 g de farine
1 cuillerée à café de levure chimique
1 pincée de sel
1 cuillerée à café d'essence naturelle de vanille

Beurrer un moule carré peu profond (à peu près 25 cm de côté). Préchauffer le four à 180 °C (th. 6). Hacher les noix et le chocolat blanc.
Mettre un quart du chocolat avec le beurre dans un bol placé au-dessus d'une casserole d'eau frémissante, hors du feu. Laisser fondre en mélangeant bien pour lisser. Pendant que la sauce refroidit, fouetter ensemble les œufs et le sucre, jusqu'à ce que le mélange pâlisse. Ajouter le chocolat fondu.
Mélanger la farine, la levure et le sel pour les tamiser sur le mélange précédent. Incorporer délicatement. Ajouter enfin les noisettes, le reste du chocolat et l'essence de vanille, remuer juste assez pour incorporer. Verser dans le moule et faire cuire 30 minutes. Laisser refroidir puis découper en carrés.

POUR 6 PERSONNES
PRÉPARATION : 25 MINUTES
CUISSON : 10 MINUTES

ROULÉ CHOCOLAT BLANC-CRANBERRIES

120 g de sucre en poudre
120 g de farine
4 œufs
30 g de beurre + un peu pour le moule
100 g de chocolat blanc
100 ml de crème liquide entière
100 g de cranberries séchées
1 citron
1 citron vert
1 orange

Préchauffer le four à 200 °C (th. 6-7). Faire fondre le beurre. Fouetter les jaunes d'œufs et le sucre pour obtenir un mélange blanc et mousseux. Ajouter la farine tamisée, puis les blancs battus en neige, puis le beurre fondu. Verser dans un moule à roulé bien beurré ou directement sur la plaque du four garnie de papier sulfurisé beurré. Faire cuire 10 minutes, juste le temps que le gâteau soit doré. Décoller le gâteau de la feuille et le poser sur un torchon humide. Laisser refroidir.
Faire fondre le chocolat blanc en morceaux au bain-marie. Fouettez la creme bien froide en chantilly. Incorporer le chocolat puis les baies de cranberries.
Presser le jus des citrons et de l'orange. En arroser le gâteau. Étaler la crème sur le gâteau puis le rouler en s'aidant du torchon. Couper les extrémités du gâteau et le poser sur une assiette de service.

POUR 4 PERSONNES
PRÉPARATION : 20 MINUTES
CUISSON : 35 MINUTES
REPOS : 1 HEURE

TARTE PÊCHE BLANCHE-CHOCOLAT BLANC

POUR LA PÂTE BRISÉE
200 g de farine
100 g de beurre
1 cuillerée à café de sel
25 g de beurre pour le moule

POUR LA GARNITURE
5 pêches blanches mûres
100 g de chocolat blanc
125 ml de crème liquide
1 œuf
4 cuillerées à soupe de sucre

Préparer la pâte brisée : mettre la farine, le sel et le beurre en morceaux dans un grand bol. Frotter du bout des doigts le beurre dans la farine pour obtenir un sable grossier. Ajouter 1 demi-verre d'eau froide et l'incorporer avec un couteau à bout rond. La pâte va s'amalgamer. Finir de la rassembler avec les mains (en ajoutant un peu d'eau si nécessaire), en faire vaguement une boule mais ne pas trop la travailler. La glisser dans un sachet plastique et la mettre au moins 1 heure au réfrigérateur.

Préchauffer le four à 190 °C (th. 6-7). Beurrer un moule à tarte, le saupoudrer de 2 cuillerées de sucre. Étaler la pâte et foncer le moule.

Hacher le chocolat blanc et le répartir sur le fond de pâte. Peler les pêches et les couper en tranches fines. Les ranger en rosace sur le chocolat. Fouetter l'œuf et la crème avec 1 cuillerée de sucre. Verser ce mélange sur le chocolat et les pêches. Enfourner pour 30-35 minutes.

Saupoudrer du sucre restant et passer sous un gril très chaud pour caraméliser le dessus (ou utiliser un fer à crème brûlée, c'est plus efficace).

POUR 6 PERSONNES
PRÉPARATION : 35 MINUTES
CUISSON : 1 H 20

CAKE CHOCOLAT BLANC, NOISETTES ET ABRICOTS

250 g de beurre mou + un peu pour le moule
250 g de sucre
4 œufs
1 tasse d'expresso bien fort (facultatif)
250 g de farine
2 cuillerées à café de levure chimique
200 g de chocolat blanc haché
75 g de noisettes hachées très fin, presque en poudre
75 g d'abricots secs hachés

Beurrer et fariner un moule à cake (contenance 1 litre) ou le garnir de papier sulfurisé. Préchauffer le four à 180 °C (th. 6). Battre ensemble le beurre et le sucre jusqu'à ce que le mélange devienne très mousseux (c'est plus facile avec un fouet électrique). Ajouter les œufs un par un, en fouettant toujours. Ajouter le café si on veut.
Mélanger la farine et la levure pour les tamiser ensemble sur une feuille de papier sulfurisé. Les incorporer au mélange précédent à l'aide d'une grande cuillère en métal ; travailler délicatement en « coupant » le mélange. Ajouter le chocolat blanc (en garder un peu pour décorer), les noisettes et les abricots. Mélanger juste assez pour incorporer.
Verser dans le moule. Mettre le chocolat restant sur le dessus, au milieu. Enfourner pour 1 h 10 à 1 h 20 : une lame de couteau (ou un fer à brochette) enfoncée dans le cake doit ressortir propre. Laisser reposer 15 minutes avant de démouler.

POUR 6 PERSONNES
PRÉPARATION : 30 MINUTES
CUISSON : 50 MINUTES
REPOS : 1 HEURE

TARTELETTES CITRON VERT-CHOCOLAT BLANC

POUR LA PÂTE SABLÉE
250 g de farine
125 g de beurre mou + un peu pour les moules
50 g de sucre
1 œuf
1 pincée de sel

POUR LA GARNITURE
4 citrons verts
100 g de chocolat blanc
125 g de sucre
3 œufs
1 cuillerée à soupe de Maïzena
Du sucre glace

Pour la pâte sablée : mélanger le beurre avec le sucre. Ajouter l'œuf, mélanger bien, puis incorporer la farine tamisée avec le sel. Former une pâte sans trop la travailler. Laisser reposer au moins 1 heure au réfrigérateur.
Préchauffer le four à 180 °C (th. 6). Étaler la pâte et foncer des moules à tartelettes beurrés. Les faire cuire à blanc, avec du papier sulfurisé et des haricots secs : au bout de 20 minutes, enlever le papier et les haricots et poursuivre la cuisson 5-10 minutes.
Zester 2 citrons et presser le jus des 4 citrons. Délayer la Maïzena dans un peu de jus. Faire chauffer le jus restant, les zestes et le sucre en remuant pour dissoudre le sucre. Ajouter la Maïzena délayée et les œufs battus. Cuire sur feu moyen à doux en remuant jusqu'à épaississement. Laisser refroidir.
Hacher le chocolat et le répartir sur les fonds de tartelettes cuits. Couvrir avec la crème au citron vert. Passer au four 10 minutes. Laisser refroidir et servir avec un peu de sucre glace saupoudré dessus.

POUR 12 MUFFINS
PRÉPARATION : 20 MINUTES
CUISSON : 25 MINUTES

MUFFINS
AU CHOCOLAT BLANC

300 g de farine
50 g de beurre + un peu pour les moules
50 g de sucre
1 cuillerée à soupe de levure chimique
1 bonne pincée de sel
2 œufs
200 ml de lait fermenté (ou 1 yaourt + 50 ml de lait)
½ citron
Quelques gouttes d'extrait de vanille
200 g de chocolat blanc
1 barquette de framboises
75 g de noix hachées

Préchauffer le four à 200 °C (th. 6-7). Beurrer et fariner une plaque à muffins. Mélanger puis tamiser dans un bol la farine, le sucre, la levure et le sel. Hacher le chocolat.
Faire fondre le beurre. Fouetter ensemble les œufs, le lait fermenté, le beurre fondu, le zeste finement râpé du demi-citron et l'extrait de vanille. Verser sur les ingrédients secs. Mélanger très brièvement avec une cuillère en bois : il ne faut surtout pas chercher à rendre la pâte homogène, il doit rester des grumeaux. Ajouter le chocolat haché et les framboises, sans trop remuer.
Remplir les moules aux trois quarts. Mettre au four pour 20-25 minutes. Laisser refroidir dans les moules pendant 20 minutes environ puis démouler.

POUR 8 PERSONNES
PRÉPARATION : 15 MINUTES
CUISSON : 20 MINUTES

BOUCHÉES FEUILLETÉES

1 rouleau de pâte feuilletée pur beurre
2 barres de Toblerone blanc
4 poires parfaitement mûres ou pochées
1 jaune d'œuf

Préchauffer le four à 220 °C (th. 7-8). Découper dans la pâte des ronds de 5-6 cm de diamètre. Poser sur chaque rond un triangle de Toblerone et un morceau de poire de la même taille. Refermer en chausson et bien sceller en mouillant les bords avec de l'eau. Recommencer jusqu'à épuisement des ingrédients. Marquer des entailles sur le dessus des chaussons, les placer sur une plaque à four et cuire environ 20 minutes, jusqu'à ce qu'ils soient dorés. Manger tiède.

POUR 6 PERSONNES
PRÉPARATION : 30 MINUTES
CUISSON : 1 HEURE
REPOS : 12 HEURES AU MOINS

CHEESECAKE
ET FRUITS ROUGES

150 g de petits-beurre
50 g de beurre
750 g de fromage frais style Saint-Moret
50 g de sucre
4 œufs
125 ml de crème fraîche
100 g de chocolat blanc
2 cuillerées à soupe de farine
1 citron
500 g de fruits rouges frais ou surgelés

Préchauffer le four à 180 °C (th. 6). Mettre les biscuits dans un sac à congélation et les écraser au rouleau à pâtisserie. Faire fondre le beurre et le mélanger avec les miettes de biscuits. Tasser ce mélange dans un moule à manqué garni d'un papier sulfurisé (20 à 22 cm de diamètre). Enfourner pour 10 minutes. Sortir du four et baisser la température à 140 °C (th. 4-5).

Faire fondre au bain-marie le chocolat en morceaux. Dans un robot ou avec un fouet électrique, lisser le fromage frais (pas plus de 30 secondes). Ajouter les œufs un par un, puis la farine et le zeste finement râpé du citron, puis la crème et enfin le chocolat fondu. Verser dans le moule et enfourner pour 1 heure.

Mettre les fruits dans une casserole avec le sucre et 1 cuillerée d'eau. Porter à ébullition et laisser frémir 2 minutes. Laisser refroidir. Quand le gâteau est cuit, le faire refroidir dans le four, porte entrouverte. Le sortir du four et disposer les fruits à la surface, avec une cuillère. Mettre au réfrigérateur et manger au plus tôt le lendemain.

POUR 4 PERSONNES
PRÉPARATION : 10 MINUTES

SORBET CHOCOLAT NOIR, SAUCE CHOCOLAT BLANC

4 boules de sorbet au chocolat noir
200 g de chocolat blanc
50 ml de crème liquide
Des copeaux de chocolat blanc

Faire fondre le chocolat au bain-marie. Faire chauffer la crème et l'ajouter au chocolat. Servir la sauce chaude sur le sorbet. Décorer avec des copeaux de chocolat blanc.

Relecture : Catherine Berranger et Charlotte Müller-Buch

Dépôt légal : novembre 2007
ISBN : 978-2-501-05471-3
4045365/01
Imprimé en Chine par Leo Paper